SIMONE WEIL

Note sur la suppression générale des partis politiques

© 2019 by Simone Weil (Domaine Public)
Edition : Books on Demand, 12/14, rond-point des Champs Elysées 75008 Paris
Impression : Books on Demand GmbH, Norderstedt, Allemagne.
ISBN : 9782322128099
Dépôt légal : janvier 2019

LE mot parti est pris ici dans la signification qu'il a sur le continent européen. Le même mot dans les pays anglo-saxons désigne une réalité tout autre. Elle a sa racine dans la tradition anglaise et n'est pas transplantable. Un siècle et demi d'expérience le montre assez. Il y a dans les partis anglo-saxons un élément de jeu, de sport, qui ne peut exister que dans une institution d'origine aristocratique ; tout est sérieux dans une institution qui, au départ, est plébéienne.

L'idée de parti n'entrait pas dans la conception politique française de 1789, sinon comme mal à éviter. Mais il y eut le club des Jacobins. C'était d'abord seulement un lieu de libre discussion. Ce ne fut aucune espèce de mécanisme fatal qui le transforma. C'est uniquement la pression de la guerre et de la guillotine qui en fit un parti totalitaire.

Les luttes des factions sous la Terreur furent gouvernées par la pensée si bien formulée par Tomski : "Un parti au pouvoir et tous les autres en prison." Ainsi sur le continent d'Europe le totalitarisme est le péché originel des partis.

C'est d'une part l'héritage de la Terreur, d'autre part l'influence de l'exemple anglais, qui installa les partis dans la vie publique européenne. Le fait qu'ils existent n'est nullement un motif de les conserver.

Seul le bien est un motif légitime de conservation. Le mal des partis politiques saute aux yeux. Le problème à examiner, c'est s'il y a en eux un bien qui l'emporte sur le mal et rende ainsi leur existence désirable.

Mais il est beaucoup plus à propos de demander : Y a-t-il en eux même une parcelle infinitésimale de bien ? Ne sont-ils pas du mal à l'état pur ou presque ?

S'ils sont du mal, il est certain qu'en fait et dans la pratique ils ne peuvent produire que du mal. C'est un article de foi. "Un bon arbre ne peut jamais porter de mauvais fruits, ni un arbre pourri de beaux fruits."

Mais il faut d'abord reconnaître quel est le critère du bien.

Ce ne peut être que la vérité, la justice, et, en second lieu, l'utilité publique.

La démocratie, le pouvoir du plus grand nombre, ne sont pas des biens. Ce sont des moyens en vue du bien, estimés efficaces à tort ou à raison. Si la République de Weimar, au lieu de Hitler, avait décidé par les voies les plus rigoureusement parlementaires et légales de mettre les Juifs dans des camps de concentration et de les torturer avec raffinement jusqu'à la mort, les tortures n'auraient pas eu un atome de légitimité de plus qu'elles n'ont maintenant. Or pareille chose n'est nullement inconcevable.

Seul ce qui est juste est légitime. Le crime et le mensonge ne le sont en aucun cas.

Notre idéal républicain procède entièrement de la notion de volonté générale due à Rousseau. Mais le sens de la notion a été perdu presque tout de suite, parce qu'elle est complexe et demande un degré d'attention élevé.

Quelques chapitres mis à part, peu de livres sont beaux, forts, lucides et clairs comme *Le Contrat Social*. On dit que peu de livres ont eu autant d'influence. Mais en fait tout s'est passé et se passe encore comme s'il n'avait jamais été lu.

Rousseau partait de deux évidences. L'une, que la raison discerne et choisit la justice et l'utilité innocente, et que tout crime a pour mobile la passion. L'autre, que la raison est identique chez tous les hommes, au lieu que les passions, le plus souvent, diffèrent. Par suite si, sur un problème général, chacun réfléchit tout seul et exprime une opinion, et si ensuite les opinions sont comparées entre elles, probablement elles coïncideront par la partie juste et raisonnable de chacune et différeront par les injustices et les erreurs.

C'est uniquement en vertu d'un raisonnement de ce genre qu'on admet que le *consensus* universel indique la vérité.

La vérité est une. La justice est une. Les erreurs, les injustices sont indéfiniment variables. Ainsi les hommes convergent dans le juste et le vrai, au lieu que le mensonge et le crime les font indéfiniment diverger. L'union étant une force matérielle, on peut espérer trouver là une ressource pour rendre ici-bas la vérité et la justice matériellement plus fortes que le crime et l'erreur.

Il y faut un mécanisme convenable. Si la démocratie constitue un tel mécanisme, elle est bonne. Autrement non.

Un vouloir injuste commun à toute la nation n'était aucunement supérieur aux yeux de Rousseau – et il était dans le vrai – au vouloir injuste d'un homme.

Rousseau pensait seulement que le plus souvent un vouloir commun à tout un peuple est en fait conforme à la justice, par la neutralisation mutuelle et la compensation des passions particulières. C'était là pour lui l'unique motif de préférer le vouloir du peuple à un vouloir particulier.

C'est ainsi qu'une certaine masse d'eau, quoique composée de particules qui se meuvent et se heurtent sans cesse, est dans un équilibre et un repos parfaits. Elle renvoie aux objets leurs images avec une vérité irréprochable. Elle indique parfaitement le plan horizontal. Elle dit sans erreur la densité des objets qu'on y plonge.

Si des individus passionnés, enclins par la passion au crime et au mensonge, se composent de la même manière en un peuple véridique et juste, alors il est bon que le peuple soit souverain. Une constitution démocratique est bonne si d'abord elle accomplit dans le peuple cet état d'équilibre, et si ensuite seulement elle fait en sorte que les vouloirs du peuple soient exécutés.

Le véritable esprit de 1789 consiste à penser, non pas qu'une chose est juste parce que le peuple la veut, mais qu'à certaines conditions le vouloir du peuple a plus de chances qu'aucun autre vouloir d'être conforme à la justice.

Il y a plusieurs conditions indispensables pour pouvoir appliquer la notion de volonté générale. Deux doivent particulièrement retenir l'attention.

L'une est qu'au moment où le peuple prend conscience d'un de ses vouloirs et l'exprime, il n'y ait aucune espèce de passion collective.

Il est tout à fait évident que le raisonnement de Rousseau tombe dès qu'il y a passion collective. Rousseau le savait bien. La passion collective est une impulsion de crime et de mensonge infiniment plus puissante qu'aucune passion individuelle. Les impulsions mauvaises, en ce cas, loin de se neutraliser, se portent mutuellement à la millième puissance. La pression est presque irrésistible, sinon pour les saints authentiques.

Une eau mise en mouvement par un courant violent, impétueux, ne reflète plus les objets, n'a plus une surface horizontale, n'indique plus les densités. Et il importe très peu qu'elle soit mue par un seul courant ou par cinq ou six courants qui se heurtent et font des remous. Elle est également troublée dans les deux cas.

Si une seule passion collective saisit tout un pays, le pays entier est unanime dans le crime. Si deux ou quatre ou cinq ou dix passions collectives le partagent, il est divisé en plusieurs bandes de criminels. Les passions divergentes ne se neutralisent pas, comme c'est le cas pour une poussière de passions individuelles fondues dans une masse ; le nombre est bien trop petit, la force de chacune est bien trop grande, pour qu'il puisse y avoir neutralisation. La lutte les exaspère. Elles se heurtent avec un bruit vraiment infernal, et qui rend impossible d'entendre même une seconde la voix de la justice et de la vérité, toujours presque imperceptible.

Quand il y a passion collective dans un pays, il y a probabilité pour que n'importe quelle volonté particulière soit plus proche de la justice et de la raison que la volonté générale, ou plutôt que ce qui en constitue la caricature.

La seconde condition est que le peuple ait à exprimer son vouloir à l'égard des problèmes de la vie publique, et non pas à faire seulement un choix de personnes. Encore moins un choix de collectivités irresponsables. Car la volonté générale est sans aucune relation avec un tel choix.

S'il y a eu en 1789 une certaine expression de la volonté générale, bien qu'on eût adopté le système représentatif faute de savoir en imaginer un autre, c'est qu'il y avait eu bien autre chose que des élections. Tout ce qu'il y avait de vivant à travers tout le pays – et le pays débordait alors de vie – avait cherché à exprimer une pensée par l'organe des cahiers de revendications. Les représentants s'étaient en grande partie fait connaître au cours de cette coopération dans la pensée ; ils en gardaient la chaleur ; ils sentaient le pays attentif à leurs paroles, jaloux de surveiller si elles traduisaient exactement ses aspirations. Pendant quelque temps – peu de temps – ils furent vraiment de simples organes d'expression pour la pensée publique.

Pareille chose ne se produisit jamais plus.

Le seul énoncé de ces deux conditions montre que nous n'avons jamais rien connu qui ressemble même de loin à une démocratie. Dans ce que nous nommons de ce nom, jamais le peuple n'a l'occasion ni le moyen d'exprimer un avis sur aucun problème de la vie publique ; et tout ce qui échappe aux intérêts particuliers est livré aux passions collectives, lesquelles sont systématiquement, officiellement encouragées.

L'usage même des mots de démocratie et de république oblige à examiner avec une attention extrême les deux problèmes que voici :

Comment donner en fait aux hommes qui composent le peuple de France la possibilité d'exprimer parfois un jugement sur les grands problèmes de la vie publique ?

Comment empêcher, au moment où le peuple est interrogé, qu'il circule à travers lui aucune espèce de passion collective ?

Si on ne pense pas à ces deux points, il est inutile de parler de légitimité républicaine.

Des solutions ne sont pas faciles à concevoir. Mais il est évident, après examen attentif, que toute solution impliquerait d'abord la suppression des partis politiques.

Pour apprécier les partis politiques selon le critère

de la vérité, de la justice, du bien public, il convient de commencer par en discerner les caractères essentiels.

On peut en énumérer trois :

Un parti politique est une machine à fabriquer de la passion collective.

Un parti politique est une organisation construite de manière à exercer une pression collective sur la pensée de chacun des êtres humains qui en sont membres.

La première fin, et, en dernière analyse, l'unique fin de tout parti politique est sa propre croissance, et cela sans aucune limite.

Par ce triple caractère, tout parti est totalitaire en germe et en aspiration. S'il ne l'est pas en fait, c'est seulement parce que ceux qui l'entourent ne le sont pas moins que lui.

Ces trois caractères sont des vérités de fait évidentes à quiconque s'est approché de la vie des partis.

Le troisième est un cas particulier d'un phénomène qui se produit partout où le collectif domine les êtres pensants. C'est le retournement de la relation entre fin et moyen. Partout, sans exception, toutes les choses généralement considérées comme des fins sont par nature, par définition, par essence et de la manière la plus évidente uniquement des moyens. On pourrait en citer autant d'exemples qu'on voudrait dans tous les domaines. Argent, pouvoir, État, grandeur nationale, production économique, diplômes universitaires ; et beaucoup d'autres.

Le bien seul est une fin. Tout ce qui appartient au domaine des faits est de l'ordre des moyens. Mais la pensée collective est incapable de s'élever au-dessus du domaine des faits. C'est une pensée animale. Elle n'a la notion du bien que juste assez pour commettre l'erreur de prendre tel ou tel moyen pour un bien absolu.

Il en est ainsi des partis. Un parti est en principe un instrument pour servir une certaine conception du bien public.

Cela est vrai même de ceux qui sont liés aux intérêts d'une catégorie sociale, car il est toujours une certaine conception du bien public en vertu de laquelle il y aurait coïncidence entre le bien public et ces intérêts. Mais cette conception est extrêmement vague. Cela est vrai sans exception et presque sans différence de degrés. Les partis les plus inconsistants et les plus strictement organisés sont égaux par le vague de la doctrine. Aucun homme, si profondément qu'il ait étudié la politique, ne serait capable d'un exposé précis et clair relativement à la doctrine d'aucun parti, y compris, le cas échéant, le sien propre.

Les gens ne s'avouent guère cela à eux-mêmes. S'ils se l'avouaient, ils seraient naïvement tentés d'y voir une marque d'incapacité personnelle, faute d'avoir reconnu que l'expression : "Doctrine d'un parti politique" ne peut jamais, par la nature des choses, avoir aucune signification.

Un homme, passât-il sa vie à écrire et à examiner des problèmes d'idées, n'a que très rarement une doctrine. Une collectivité n'en a jamais. Ce n'est pas une marchandise collective.

On peut parler, il est vrai, de doctrine chrétienne, doctrine hindoue, doctrine pythagoricienne, et ainsi de suite. Ce qui est alors désigné par ce mot n'est ni individuel ni collectif ; c'est une chose située infiniment au-dessus de l'un et l'autre domaine. C'est, purement et simplement, la vérité.

La fin d'un parti politique est chose vague et irréelle. Si elle était réelle, elle exigerait un très grand effort d'attention, car une conception du bien public n'est pas chose facile à penser. L'existence du parti est palpable, évidente, et n'exige aucun effort pour être reconnue. Il est ainsi inévitable qu'en fait le parti soit à lui-même sa propre fin.

Il y a dès lors idolâtrie, car Dieu seul est légitimement une fin pour soi-même.

La transition est facile. On pose en axiome que la condition nécessaire et suffisante pour que le parti serve efficacement la conception du bien public en vue duquel il existe est qu'il possède une large quantité de pouvoir.

Mais aucune quantité finie de pouvoir ne peut jamais être en fait regardée comme suffisante, surtout une fois obtenue. Le parti se trouve en fait, par l'effet de l'absence de pensée, dans un état continuel d'impuissance qu'il attribue toujours à l'insuffisance du pouvoir dont il dispose. Serait-il maître absolu du pays, les nécessités internationales imposent des limites étroites.

Ainsi la tendance essentielle des partis est

totalitaire, non seulement relativement à une nation, mais relativement au globe terrestre. C'est précisément parce que la conception du bien public propre à tel ou tel parti est une fiction, une chose vide, sans réalité, qu'elle impose la recherche de la puissance totale. Toute réalité implique par elle-même une limite. Ce qui n'existe pas du tout n'est jamais limitable.

C'est pour cela qu'il y a affinité, alliance entre le totalitarisme et le mensonge.

Beaucoup de gens, il est vrai, ne songent jamais à une puissance totale ; cette pensée leur ferait peur. Elle est vertigineuse, et il faut une espèce de grandeur pour la soutenir. Ces gens-là, quand ils s'intéressent à un parti, se contentent d'en désirer la croissance ; mais comme une chose qui ne comporte aucune limite. S'il y a trois membres de plus cette année que l'an dernier, ou si la collecte a rapporté cent francs de plus, ils sont contents. Mais ils désirent que cela continue indéfiniment dans la même direction. Jamais ils ne concevraient que leur parti puisse avoir en aucun cas trop de membres, trop d'électeurs, trop d'argent.

Le tempérament révolutionnaire mène à concevoir la totalité. Le tempérament petit-bourgeois mène à s'installer dans l'image d'un progrès lent, continu et sans limite. Mais dans les deux cas la croissance matérielle du parti devient l'unique critère par rapport auquel se définissent en toutes choses le bien et le mal. Exactement comme si le parti était un animal à l'engrais, et que l'univers eût été créé pour le faire engraisser.

On ne peut servir Dieu et Mammon. Si on a un critère du bien autre que le bien, on perd la notion du bien.

Dès lors que la croissance du parti constitue un critère du bien, il s'ensuit inévitablement une pression collective du parti sur les pensées des hommes. Cette pression s'exerce en fait. Elle s'étale publiquement. Elle est avouée, proclamée. Cela nous ferait horreur si l'accoutumance ne nous avait pas tellement endurcis.

Les partis sont des organismes publiquement, officiellement constitués de manière à tuer dans les âmes le sens de la vérité et de la justice.

La pression collective est exercée sur le grand public par la propagande. Le but avoué de la propagande est de persuader et non pas de communiquer de la lumière. Hitler a très bien vu que la propagande est toujours une tentative d'asservissement des esprits. Tous les partis font de la propagande. Celui qui n'en ferait pas disparaîtrait du fait que les autres en font. Tous avouent qu'ils font de la propagande. Aucun n'est audacieux dans le mensonge au point d'affirmer qu'il entreprend l'éducation du public, qu'il forme le jugement du peuple.

Les partis parlent, il est vrai, d'éducation à l'égard de ceux qui sont venus à eux, sympathisants, jeunes, nouveaux adhérents. Ce mot est un mensonge. Il s'agit d'un dressage pour préparer l'emprise bien plus rigoureuse exercée par le parti sur la pensée de ses membres.

Supposons un membre d'un parti – député, candidat à la députation, ou simplement militant – qui prenne en public l'engagement que voici : "Toutes les fois que j'examinerai n'importe quel problème politique ou social, je m'engage à oublier absolument le fait que je suis membre de tel groupe, et à me préoccuper exclusivement de discerner le bien public et la justice."

Ce langage serait très mal accueilli. Les siens et même beaucoup d'autres l'accuseraient de trahison. Les moins hostiles diraient : "Pourquoi alors a-t-il adhéré à un parti ?" – avouant ainsi naïvement qu'en entrant dans un parti on renonce à chercher uniquement le bien public et la justice. Cet homme serait exclu de son parti, ou au moins en perdrait l'investiture ; il ne serait certainement pas élu.

Mais bien plus, il ne semble même pas possible qu'un tel langage soit tenu. En fait, sauf erreur, il ne l'a jamais été. Si des mots en apparence voisins de ceux-là ont été prononcés, c'était seulement par des hommes désireux de gouverner avec l'appui de partis autres que le leur. De telles paroles sonnaient alors comme une sorte de manquement à l'honneur.

En revanche on trouve tout à fait naturel, raisonnable et honorable que quelqu'un dise : "Comme conservateur –" ou : "Comme socialiste – je pense que..."

Cela, il est vrai, n'est pas propre aux partis. On ne rougit pas non plus de dire : "Comme Français, je pense que...", "Comme catholique, je pense que..."

Des petites filles, qui se disaient attachées au gaullisme comme à l'équivalent français de l'hitlérisme, ajoutaient : "La vérité est relative, même en géométrie." Elles touchaient le point central.

S'il n'y a pas de vérité, il est légitime de penser de telle ou telle manière en tant qu'on se trouve être en fait telle ou telle chose. Comme on a des cheveux noirs, bruns, roux ou blonds, parce qu'on est comme cela, on émet aussi telles et telles pensées. La pensée, comme les cheveux, est alors le produit d'un processus physique d'élimination.

Si on reconnaît qu'il y a une vérité, il n'est permis de penser que ce qui est vrai. On pense alors telle chose, non parce qu'on se trouve être en fait Français, ou catholique, ou socialiste, mais parce que la lumière irrésistible de l'évidence oblige à penser ainsi et non autrement.

S'il n'y a pas évidence, s'il y a doute, il est alors évident que dans l'état de connaissances dont on dispose la question est douteuse. S'il y a une faible probabilité d'un côté, il est évident qu'il y a une faible probabilité ; et ainsi de suite. Dans tous les cas, la lumière intérieure accorde toujours à quiconque la consulte une réponse manifeste. Le contenu de la réponse est plus ou moins affirmatif ; peu importe. Il est toujours susceptible de révision ; mais aucune correction ne peut être apportée, sinon par davantage de lumière intérieure.

Si un homme, membre d'un parti, est absolument résolu à n'être fidèle en toutes ses pensées qu'à la lumière intérieure exclusivement et à rien d'autre, il ne peut pas faire connaître cette résolution à son parti. Il est alors vis-à-vis de lui en état de mensonge.

C'est une situation qui ne peut être acceptée qu'à cause de la nécessité qui contraint à se trouver dans un parti pour prendre part efficacement aux affaires publiques. Mais alors cette nécessité est un mal, et il faut y mettre fin en supprimant les partis.

Un homme qui n'a pas pris la résolution de fidélité exclusive à la lumière intérieure installe le mensonge au centre même de l'âme. Les ténèbres intérieures en sont la punition.

On tenterait vainement de s'en tirer par la distinction entre la liberté intérieure et la discipline extérieure. Car il faut alors mentir au public, envers qui tout candidat, tout élu, a une obligation particulière de vérité.

Si je m'apprête à dire, au nom de mon parti, des choses que j'estime contraires à la vérité et à la justice, vais-je l'indiquer dans un avertissement préalable ? Si je ne le fais pas, je mens.

De ces trois formes de mensonge – au parti, au public, à soi-même – la première est de loin la moins mauvaise. Mais si l'appartenance à un parti contraint toujours, en tout cas, au mensonge, l'existence des partis est absolument, inconditionnellement un mal.

Il était fréquent de voir dans des annonces de réunion : M. X. exposera le point de vue communiste (sur le problème qui est l'objet de la réunion). M. Y. exposera le point de vue socialiste. M. Z. exposera le point de vue radical.

Comment ces malheureux s'y prenaient-ils pour connaître le point de vue qu'ils devaient exposer ? Qui pouvaient-ils consulter ? Quel oracle ? Une collectivité n'a pas de langue ni de plume. Les organes d'expression sont tous individuels. La collectivité socialiste ne réside en aucun individu. La collectivité radicale non plus. La collectivité communiste réside en Staline, mais il est loin ; on ne peut pas lui téléphoner avant de parler dans une réunion.

Non, MM. X., Y. et Z. se consultaient eux-mêmes. Mais comme ils étaient honnêtes, ils se mettaient d'abord dans un état mental spécial, un état semblable à celui où les avait mis si souvent l'atmosphère des milieux communiste, socialiste, radical.

Si, s'étant mis dans cet état, on se laisse aller à ses réactions, on produit naturellement un langage conforme aux "points de vue" communiste, socialiste, radical.

À condition, bien entendu, de s'interdire rigoureusement tout effort d'attention en vue de discerner la justice et la vérité. Si on accomplissait un tel effort, on risquerait – comble d'horreur – d'exprimer un "point de vue personnel".

Car de nos jours la tension vers la justice et la vérité est regardée comme répondant à un point de vue personnel.

Quand Ponce Pilate a demandé au Christ :

"Qu'est-ce que la vérité ?" le Christ n'a pas répondu. Il avait répondu d'avance en disant : "Je suis venu porter témoignage pour la vérité."

Il n'y a qu'une réponse. La vérité, ce sont les pensées qui surgissent dans l'esprit d'une créature pensante uniquement, totalement, exclusivement désireuse de la vérité.

Le mensonge, l'erreur – mots synonymes – ce sont les pensées de ceux qui ne désirent pas la vérité, et de ceux qui désirent la vérité et autre chose en plus. Par exemple qui désirent la vérité et en plus la conformité avec telle ou telle pensée établie.

Mais comment désirer la vérité sans rien savoir d'elle ? C'est là le mystère des mystères. Les mots qui expriment une perfection inconcevable à l'homme – Dieu, vérité, justice – prononcés intérieurement avec désir, sans être joints à aucune conception, ont le pouvoir d'élever l'âme et de l'inonder de lumière.

C'est en désirant la vérité à vide et sans tenter d'en deviner d'avance le contenu qu'on reçoit la lumière. C'est là tout le mécanisme de l'attention.

Il est impossible d'examiner les problèmes effroyablement complexes de la vie publique en étant attentif à la fois, d'une part à discerner la vérité, la justice, le bien public, d'autre part à conserver l'attitude qui convient à un membre de tel groupement. La faculté humaine d'attention n'est pas capable simultanément des deux soucis. En fait quiconque s'attache à l'un abandonne l'autre.

Mais aucune souffrance n'attend celui qui abandonne la justice et la vérité. Au lieu que le système des partis comporte les pénalités les plus douloureuses pour l'indocilité. Des pénalités qui atteignent presque tout – la carrière, les sentiments, l'amitié, la réputation, la partie extérieure de l'honneur, parfois même la vie de famille. Le parti communiste a porté le système à sa perfection.

Même chez celui qui intérieurement ne cède pas, l'existence de pénalités fausse inévitablement le discernement. Car s'il veut réagir contre l'emprise du parti, cette volonté de réaction est elle-même un mobile étranger à la vérité et dont il faut se méfier. Mais cette méfiance aussi ; et ainsi de suite. L'attention véritable est un état tellement difficile à l'homme, tellement violent, que tout trouble personnel de la sensibilité suffit à y faire obstacle. Il en résulte l'obligation impérieuse de protéger autant qu'on peut la faculté de discernement qu'on porte en soi-même contre le tumulte des espérances et des craintes personnelles.

Si un homme fait des calculs numériques très complexes en sachant qu'il sera fouetté toutes les fois qu'il obtiendra comme résultat un nombre pair, sa situation est très difficile. Quelque chose dans la partie charnelle de l'âme le poussera à donner un petit coup de pouce aux calculs pour obtenir toujours un nombre impair. En voulant réagir il risquera de trouver un nombre pair même là où il n'en faut pas. Prise dans cette oscillation, son attention n'est plus intacte. Si les calculs sont complexes au point d'exiger de sa part la plénitude de l'attention, il est inévitable qu'il se trompe très souvent. Il ne servira à rien qu'il soit très intelligent, très courageux, très soucieux de vérité.

Que doit-il faire ? C'est très simple. S'il peut échapper des mains de ces gens qui le menacent du fouet, il doit fuir. S'il a pu éviter de tomber entre leurs mains, il devait l'éviter.

Il en est exactement ainsi des partis politiques.

Quand il y a des partis dans un pays, il en résulte tôt ou tard un état de fait tel qu'il est impossible d'intervenir efficacement dans les affaires publiques sans entrer dans un parti et jouer le jeu. Quiconque s'intéresse à la chose publique désire s'y intéresser efficacement. Ainsi ceux qui inclinent au souci du bien public, ou renoncent à y penser et se tournent vers autre chose, ou passent par le laminoir des partis. En ce cas aussi il leur vient des soucis qui excluent celui du bien public.

Les partis sont un merveilleux mécanisme, par la vertu duquel, dans toute l'étendue d'un pays, pas un esprit ne donne son attention à l'effort de discerner, dans les affaires publiques, le bien, la justice, la vérité.

Il en résulte que – sauf un très petit nombre de coïncidences fortuites – il n'est décidé et exécuté que des mesures contraires au bien public, à la justice et à la vérité.

Si on confiait au diable l'organisation de la vie publique, il ne pourrait rien imaginer de plus ingénieux.

Si la réalité a été un peu moins sombre, c'est que les partis n'avaient pas encore tout dévoré. Mais en fait, a-t-elle été un peu moins sombre ? N'était-elle pas exactement aussi sombre que le tableau esquissé ici ? L'événement ne l'a-t-il pas montré ?

Il faut avouer que le mécanisme d'oppression spirituelle et mentale propre aux partis a été introduit dans l'histoire par l'Église catholique dans sa lutte contre l'hérésie.

Un converti qui entre dans l'Église – ou un fidèle qui délibère avec lui-même et résout d'y demeurer – a aperçu dans le dogme du vrai et du bien. Mais en franchissant le seuil il professe du même coup n'être pas frappé par les *anathema sit*, c'est-à-dire accepter en bloc tous les articles dits "de foi stricte". Ces articles, il ne les a pas étudiés. Même avec un haut degré d'intelligence et de culture, une vie entière ne suffirait pas à cette étude, vu qu'elle implique celle des circonstances historiques de chaque condamnation.

Comment adhérer à des affirmations qu'on ne connaît pas ? Il suffit de se soumettre inconditionnellement à l'autorité d'où elles émanent.

C'est pourquoi saint Thomas ne veut soutenir ses affirmations que par l'autorité de l'Église, à l'exclusion de tout autre argument. Car, dit-il, il n'en faut pas davantage pour ceux qui l'acceptent ; et aucun argument ne persuaderait ceux qui la refusent.

Ainsi la lumière intérieure de l'évidence, cette faculté de discernement accordée d'en haut à l'âme humaine comme réponse au désir de vérité, est mise au rebut, condamnée aux tâches serviles, comme de faire des additions, exclue de toutes les recherches relatives à la destinée spirituelle de l'homme. Le mobile de la pensée n'est plus le désir inconditionné, non défini, de la vérité, mais le désir de la conformité avec un enseignement établi d'avance.

Que l'Église fondée par le Christ ait ainsi dans une si large mesure étouffé l'esprit de vérité – et si, malgré l'Inquisition, elle ne l'a pas fait totalement, c'est que la mystique offrait un refuge sûr – c'est une ironie tragique. On l'a souvent remarqué. Mais on a moins remarqué une autre ironie tragique. C'est que le mouvement de révolte contre l'étouffement des esprits sous le régime inquisitorial a pris une orientation telle qu'il a poursuivi l'œuvre d'étouffement des esprits.

La Réforme et l'humanisme de la Renaissance, double produit de cette révolte, ont largement contribué à susciter, après trois siècles de maturation, l'esprit de 1789. Il en est résulté après un certain délai notre démocratie fondée sur le jeu des partis, dont chacun est une petite Église profane armée de la menace d'excommunication. L'influence des partis a contaminé toute la vie mentale de notre époque.

Un homme qui adhère à un parti a vraisemblablement aperçu dans l'action et la propagande de ce parti des choses qui lui ont paru justes et bonnes. Mais il n'a jamais étudié la position du parti relativement à tous les problèmes de la vie publique. En entrant dans le parti, il accepte des positions qu'il ignore. Ainsi il soumet sa pensée à l'autorité du parti. Quand, peu à peu, il connaîtra ces positions, il les admettra sans examen.

C'est exactement la situation de celui qui adhère à l'orthodoxie catholique conçue comme fait saint Thomas.

Si un homme disait, en demandant sa carte de membre : "Je suis d'accord avec le parti sur tel, tel, tel point ; je n'ai pas étudié ses autres positions et je réserve entièrement mon opinion tant que je n'en aurai pas fait l'étude", on le prierait sans doute de repasser plus tard.

Mais en fait, sauf exceptions très rares, un homme qui entre dans un parti adopte docilement l'attitude d'esprit qu'il exprimera plus tard par les mots : "Comme monarchiste, comme socialiste, je pense que..." C'est tellement confortable ! Car c'est ne pas penser. Il n'y a rien de plus confortable que de ne pas penser.

Quant au troisième caractère des partis, à savoir qu'ils sont des machines à fabriquer de la passion collective, il est si visible qu'il n'a pas à être établi. La passion collective est l'unique énergie dont disposent les partis pour la propagande extérieure et pour la pression exercée sur l'âme de chaque membre.

On avoue que l'esprit de parti aveugle, rend sourd à la justice, pousse même d'honnêtes gens à l'acharnement le plus cruel contre des innocents. On l'avoue, mais on ne pense pas à supprimer les organismes qui fabriquent un tel esprit.

Cependant on interdit les stupéfiants.

Il y a quand même des gens adonnés aux stupéfiants. Mais il y en aurait davantage si l'État organisait la vente de l'opium et de la cocaïne dans tous les bureaux de tabac, avec affiches de publicité pour encourager les consommateurs.

La conclusion, c'est que l'institution des partis semble bien constituer du mal à peu près sans mélange. Ils sont mauvais dans leur principe, et pratiquement leurs effets sont mauvais.

La suppression des partis serait du bien presque pur. Elle est éminemment légitime en principe et ne paraît susceptible pratiquement que de bons effets.

Les candidats diront aux électeurs, non pas : "J'ai telle étiquette" – ce qui pratiquement n'apprend rigoureusement rien au public sur leur attitude concrète concernant les problèmes concrets – mais : "Je pense telle, telle et telle chose à l'égard de tel, tel, tel grand problème."

Les élus s'associeront et se dissocieront selon le jeu naturel et mouvant des affinités. Je peux très bien être en accord avec M. A. sur la colonisation et en désaccord avec lui sur la propriété paysanne ; et inversement pour M. B. Si on parle de colonisation, j'irai, avant la séance, causer un peu avec M. A. ; si on parle de propriété paysanne, avec M. B.

La cristallisation artificielle en partis coïncidait si peu avec les affinités réelles qu'un député pouvait être en désaccord, pour toutes les attitudes concrètes, avec un collègue de son parti, et en accord avec un homme d'un autre parti.

Combien de fois, en Allemagne, en 1932, un communiste et un nazi, discutant dans la rue, ont été frappés de vertige mental en constatant qu'ils étaient d'accord sur tous les points !

Hors du Parlement, comme il existerait des revues d'idées, il y aurait tout naturellement autour d'elles des milieux. Mais ces milieux devraient être maintenus à l'état de fluidité. C'est la fluidité qui distingue du parti un milieu d'affinité et l'empêche d'avoir une influence mauvaise. Quand on fréquente amicalement celui qui dirige telle revue, ceux qui y écrivent souvent, quand on y écrit soi-même, on sait qu'on est en contact avec le milieu de cette revue. Mais on ne sait pas soi-même si on en fait partie ; il n'y a pas de distinction nette entre le dedans et le dehors. Plus loin, il y a ceux qui lisent la revue et connaissent un ou deux de ceux qui y écrivent. Plus loin, les lecteurs réguliers qui y puisent une inspiration. Plus loin, les lecteurs occasionnels. Mais personne ne songerait à penser ou à dire : "En tant que lié à telle revue, je pense que..."

Quand des collaborateurs à une revue se présentent aux élections, il doit leur être interdit de se réclamer de la revue. Il doit être interdit à la revue de leur donner une investiture, ou d'aider directement ou indirectement leur candidature, ou même d'en faire mention.

Tout groupe d' "amis" de telle revue devrait être

interdit.

Si une revue empêche ses collaborateurs, sous peine de rupture, de collaborer à d'autres publications quelles qu'elles soient, elle doit être supprimée dès que le fait est prouvé.

Ceci implique un régime de la presse rendant impossibles les publications auxquelles il est déshonorant de collaborer (genre *Gringoire*, *Marie-Claire*, etc.).

Toutes les fois qu'un milieu tentera de se cristalliser en donnant un caractère défini à la qualité de membre, il y aura répression pénale quand le fait semblera établi.

Bien entendu il y aura des partis clandestins. Mais leurs membres auront mauvaise conscience. Ils ne pourront plus faire profession publique de servilité d'esprit. Ils ne pourront faire aucune propagande au nom du parti. Le parti ne pourra plus les tenir dans un réseau sans issue d'intérêts, de sentiments et d'obligations.

Toutes les fois qu'une loi est impartiale, équitable, et fondée sur une vue du bien public facilement assimilable pour le peuple, elle affaiblit tout ce qu'elle interdit. Elle l'affaiblit du fait seul qu'elle existe, et indépendamment des mesures répressives qui cherchent à en assurer l'application.

Cette majesté intrinsèque de la loi est un facteur de la vie publique qui est oublié depuis longtemps et dont il faut faire usage.

Il semble n'y avoir dans l'existence de partis clandestins aucun inconvénient qui ne se trouve à un degré bien plus élevé du fait des partis légaux.

D'une manière générale, un examen attentif ne semble laisser voir à aucun égard aucun inconvénient d'aucune espèce attaché à la suppression des partis.

Par un singulier paradoxe les mesures de ce genre, qui sont sans inconvénients, sont en fait celles qui ont le moins de chances d'être décidées. On se dit : si c'était si simple, pourquoi est-ce que cela n'aurait pas été fait depuis longtemps ?

Pourtant, généralement, les grandes choses sont faciles et simples.

Celle-ci étendrait sa vertu d'assainissement bien au-delà des affaires publiques. Car l'esprit de parti en était arrivé à tout contaminer.

Les institutions qui déterminent le jeu de la vie publique influencent toujours dans un pays la totalité de la pensée, à cause du prestige du pouvoir.

On en est arrivé à ne presque plus penser, dans aucun domaine, qu'en prenant position "pour" ou "contre" une opinion. Ensuite on cherche des arguments, selon le cas, soit pour, soit contre. C'est exactement la transposition de l'adhésion à un parti.

Comme, dans les partis politiques, il y a des démocrates qui admettent plusieurs partis, de même dans le domaine des opinions les gens larges reconnaissent une valeur aux opinions avec lesquelles ils se disent en désaccord.

C'est avoir complètement perdu le sens même du

vrai et du faux.

D'autres, ayant pris position pour une opinion, ne consentent à examiner rien qui lui soit contraire. C'est la transposition de l'esprit totalitaire.

Quand Einstein vint en France, tous les gens des milieux plus ou moins intellectuels, y compris les savants eux-mêmes, se divisèrent en deux camps, pour et contre. Toute pensée scientifique nouvelle a dans les milieux scientifiques ses partisans et ses adversaires animés les uns et les autres, à un degré regrettable, de l'esprit de parti. Il y a d'ailleurs dans ces milieux des tendances, des coteries, à l'état plus ou moins cristallisé.

Dans l'art et la littérature, c'est bien plus visible encore. Cubisme et surréalisme ont été des espèces de partis. On était "gidien" comme on était "maurrassien". Pour avoir un nom, il est utile d'être entouré d'une bande d'admirateurs animés de l'esprit de parti.

De même il n'y avait pas grande différence entre l'attachement à un parti et l'attachement à une Église ou bien à l'attitude antireligieuse. On était pour ou contre la croyance en Dieu, pour ou contre le christianisme, et ainsi de suite. On en est arrivé, en matière de religion, à parler de militants.

Même dans les écoles on ne sait plus stimuler autrement la pensée des enfants qu'en les invitant à prendre parti pour ou contre. On leur cite une phrase de grand auteur et on leur dit : "Êtes-vous d'accord ou non ? Développez vos arguments."
À l'examen les malheureux, devant avoir fini leur

dissertation au bout de trois heures, ne peuvent passer plus de cinq minutes à se demander s'ils sont d'accord. Et il serait si facile de leur dire : "Méditez ce texte et exprimez les réflexions qui vous viennent à l'esprit."

Presque partout – et même souvent pour des problèmes purement techniques – l'opération de prendre parti, de prendre position pour ou contre, s'est substituée à l'obligation de la pensée.

C'est là une lèpre qui a pris origine dans les milieux politiques, et s'est étendue, à travers tout le pays, presque à la totalité de la pensée.

Il est douteux qu'on puisse remédier à cette lèpre, qui nous tue, sans commencer par la suppression des partis politiques.

Simone Adolphine Weil est une philosophe humaniste, professeur, écrivain, née à Paris le 3 février 1909 et morte à Ashford (Angleterre) le 24 août 1943. Sans élaborer aucun système nouveau, elle fait de la philosophie une manière de vivre, non pour acquérir des connaissances, mais pour être dans la vérité. Dès 1931, elle enseigne la philosophie et s'intéresse aux courants marxistes anti-staliniens. Elle est l'une des seules philosophes à avoir vécu dans sa chair « la condition ouvrière ». Successivement militante syndicale, proche des groupes révolutionnaires trotskystes et anarchistes mais sans jamais adhérer à aucun parti politique, écrivant notamment dans les revues La Révolution prolétarienne et La Critique sociale, puis engagée dans la Résistance au sein des milieux gaullistes de Londres, Simone Weil n'a cessé de vivre dans une quête exigeante de justice et de charité. Un des traits dominants de sa vie fut en effet, dès l'enfance, une compassion instinctive envers les déshérités, dont elle voulut toujours partager le malheur.

Juive agnostique, elle se convertit à partir de 1936 à l'« amour du Christ », et ne cesse plus dès lors d'approfondir sa quête de la spiritualité chrétienne. Bien qu'elle n'ait jamais adhéré explicitement par le baptême au catholicisme malgré une profonde vie spirituelle elle est reconnue et se considérait comme une mystique chrétienne. Brillante helléniste, elle a réussi, à force de science et d'amour, à proposer une lecture proprement créatrice de la pensée grecque ; elle commente la philosophie de Platon, en qui elle voit « le père de la mystique occidentale», elle traduit et interprète aussi les grands textes littéraires, philosophiques et religieux grecs, dans lesquels elle découvre des « intuitions préchrétiennes », qu'elle met en parallèle avec les écritures sacrées hindoues et avec le catharisme.

Ses écrits, où la raison se mêle aux intuitions religieuses et aux éléments scientifiques et politiques, malgré leur caractère apparemment disparate, forment un tout d'une grande unité et cohérent. Le fil directeur de cette pensée, que caractérise un constant approfondissement, sans changement de direction ni reniement, est à chercher dans son amour impérieux de la vérité, philosophiquement reconnue comme une et universelle, et qu'elle a définie comme le besoin de l'âme humaine le plus sacré. À bout de forces, elle meurt d'épuisement et de tuberculose dans un sanatorium anglais le 24 août 1943.

Enfance

Simone Weil est née en 1909 à Paris, dans une famille d'origine juive alsacienne du côté paternel, installée à Paris depuis plusieurs générations. Sa mère, Salomea Reinherz, est née à Rostov-sur-le-Don. La famille Weil habite alors au 19, boulevard de Strasbourg. Simone Weil a trois ans de moins que son frère, le mathématicien André Weil.

Son père, Bernard Weil, est chirurgien-militaire. Il est mobilisé au sein du Service de santé, lors de la Première Guerre mondiale, et sa famille suit ses différentes affectations : Neufchâteau, puis Menton et Mayenne d'avril 1915 à août 1916, l'Algérie, Chartres et Laval d'octobre 1917 à janvier 1919. Simone fréquente le lycée de jeunes filles de Laval. Elle ne reçoit aucune éducation religieuse, comme elle en témoigne elle-même : « J'ai été élevée par mes parents et par mon frère dans un agnosticisme complet ». Un des traits essentiels de sa vie est un amour compatissant pour les malheureux : vers l'âge de cinq ans, découvrant la misère des soldats dans la guerre de 1914, elle refuse de prendre un seul morceau de sucre afin de tout envoyer à ceux qui souffrent au front.

Études

En 1924-1925, elle suit les cours du philosophe René Le Senne au lycée Victor-Duruy, à Paris, et obtient, au mois de juin 1925, le baccalauréat de philosophie à seize ans.

En octobre 1925, elle entre en hypokhâgne au lycée Henri-IV, où elle passe trois ans. Elle a pour professeur de philosophie le philosophe Alain, qui demeure son maître. Simone de Beauvoir, d'un an son aînée, qui croise son chemin en 1926 dans la cour de la Sorbonne, accompagnée d'une « bande d'anciens élèves d'Alain », avec dans la poche de sa vareuse un numéro des Libres propos et L'Humanité, témoigne de la petite notoriété dont elle bénéficiait déjà : « Elle m'intriguait, à cause de sa réputation d'intelligence et de son accoutrement bizarre... Une grande famine venait de dévaster la Chine, et l'on m'avait raconté qu'en apprenant cette nouvelle, elle avait sangloté : ces larmes forcèrent mon respect plus encore que ses don philosophiques. »

Elle entre à l'École normale supérieure en 1928, à 19 ans. Son mémoire de Diplôme d'études supérieures en 1930 porte sur Science et Perception dans Descartes. Elle est reçue septième à l'agrégation de philosophie en 1931, à 22 ans, et commence une carrière de professeur au lycée du Puy-en-Velay, avant d'autres postes dans divers lycées de province.

L'expérience du malheur des autres

Au cours de l'hiver 1932-1933, au Puy-en-Velay, elle est solidaire des syndicats ouvriers, elle se joint au mouvement de grève contre le chômage et les baisses de salaire, ce qui provoque un scandale. Décidée à vivre avec cinq francs par jour, comme les chômeurs du Puy, elle sacrifie tout le reste de ses émoluments de professeur à la Caisse de Solidarité des mineurs. Syndicaliste de l'enseignement, elle milite dans l'opposition interne à la CGTU, et elle est favorable à l'unification syndicale avec la CGT. Elle écrit dans les revues syndicalistes révolutionnaires L'École émancipée et La Révolution prolétarienne de Pierre Monatte, notamment sous le pseudonyme « S. Galois ». Suivant avec beaucoup d'attention l'évolution de l'expérience communiste en Union soviétique, elle participe à partir de 1932, au Cercle communiste démocratique de Boris Souvarine, qu'elle a connu par l'intermédiaire de l'anarcho-syndicaliste Nicolas Lazarévitch. Elle écrit dans la revue marxiste La Critique sociale, dirigée par Souvarine, en 1933 et 1934. Hostile au régime instauré par Staline, elle a le courage de critiquer le communisme et même de tenir tête à Trotski.

Elle passe quelques semaines en Allemagne, au cours de l'été 1932, dans le but de comprendre les raisons de la montée en puissance du nazisme. À son retour, avec beaucoup de lucidité, elle pressent, dans plusieurs articles, entre autres dans La Révolution prolétarienne, l'inévitable victoire de Hitler qui risque de survenir.

Ayant obtenu un congé d'une année pour études personnelles, elle abandonne provisoirement sa carrière de professeur, à partir de septembre 1934 ; elle décide de prendre, dans toute sa dureté, la condition d'ouvrière, non pas à titre de simple expérience, mais comme incarnation totale, afin d'avoir une conscience parfaite du malheur ; elle veut penser le rapport entre la technique moderne, la production de masse et la liberté : dès le 4 décembre, elle est ouvrière sur presse chez Alsthom dans le 15e arrondissement de Paris, devenue depuis Alstom, puis elle travaille à la chaîne aux Forges de Basse-Indre, à Boulogne-Billancourt, et enfin, jusqu'au mois d'août 1935, comme fraiseuse chez Renault. Elle connaît la faim, la fatigue, les rebuffades, l'oppression du travail à la chaîne sur un rythme forcené, l'angoisse du chômage et le licenciement. Elle note ses impressions dans son Journal d'usine. L'épreuve surpasse ses forces. Sa mauvaise santé l'empêche de poursuivre le travail en usine. Simone Weil souffre en particulier de terribles maux de tête qui dureront toute sa vie. Elle reprend son métier de professeur de philosophie au lycée de Bourges, à l'automne 1935, et donne une grande partie de ses revenus à des personnes dans le besoin. Elle prend part aux grèves de 1936. Elle milite avec passion pour un pacifisme intransigeant entre États. En août 1936, malgré son pacifisme, elle décide de prendre part à la guerre d'Espagne, expliquant à Georges Bernanos : « Je n'aime pas la guerre ; mais ce qui m'a toujours fait le plus horreur dans la guerre, c'est la situation de ceux qui se trouvent à l'arrière ». Elle prend le train pour Barcelone et arrive à Portbou le 8 août 1936.

Son *Journal d'Espagne* montre qu'elle est surtout désireuse d'aller au plus près du peuple, des paysans espagnols, sans porter les armes, pour comprendre leur état d'âme ; elle s'engage dans la colonne Durruti au début de la guerre civile espagnole aux côtés des anarchistes et des révolutionnaires, tels Boris Souvarine, Diego Abad de Santillan, Juan Garcia Oliver et Buenaventura Durruti. Bien qu'intégrée dans une colonne de la CNT anarcho-syndicaliste, elle s'élève contre l'exécution d'un jeune garçon de quinze ans qui affirme avoir été enrôlé de force comme phalangiste, et stigmatise la vengeance aveugle et les exécutions arbitraires, ce qu'elle appellera plus tard « la barbarie ». Dans une lettre célèbre adressée à Georges Bernanos, elle rappelle comment elle faillit assister à l'exécution d'un prêtre franquiste, et rapporte l'attitude de cynisme tranquille à l'égard du meurtre qu'elle découvre dans les rangs des républicains : « Je n'ai jamais vu personne même dans l'intimité exprimer de la répulsion, du dégoût ou seulement de la désapprobation à l'égard du sang inutilement versé. [...] J'ai rencontré en revanche des Français paisibles, que jusque-là je ne méprisais pas, qui n'auraient pas eu l'idée d'aller eux-mêmes tuer, mais qui baignaient dans cette atmosphère imprégnée de sang avec un visible plaisir. » La même année, elle est gravement brûlée après avoir posé le pied dans une marmite d'huile bouillante posée à ras du sol, elle doit repartir le 25 septembre pour la France. En à peine un mois et demi, elle a jeté un regard critique sur la révolution et sur son propre militantisme, et elle a compris l'impossible réalisation du rêve anarchiste, dans les conflits au sein du Front populaire espagnol, les oppositions entre les différentes gauches et la guerre civile. Volontairement, elle ne reviendra plus en Espagne. En 1937, elle collabore aux *Nouveaux cahiers*, revue économique et politique défendant une collaboration économique franco-allemande.

Après la douloureuse expérience de la condition ouvrière en usine, puis l'expérience de la barbarie pendant la guerre d'Espagne, Simone Weil avoue dramatiquement : « Le malheur des autres est entré dans ma chair et dans mon âme » ; ces épreuves l'amènent à rompre avec l'humanisme de la volonté cher à Alain. Car l'homme, irrémédiablement séparé du bien qu'il désire, est faible face au mal et impuissant à se sauver seul : « La faute de Chartier est d'avoir refusé la douleur », dira Simone Weil en 1941.

L'expérience de la grâce

Dans l'expérience directe de la barbarie en Espagne, Simone Weil a su discerner le phénomène, à l'œuvre dans le totalitarisme moderne, d'identification du bien et de la puissance ; cette identification perverse interdit toute réflexion personnelle par le jeu des passions collectives et l'opinion dominante du plus grand nombre ; pire encore : entraîné par la force collective du groupe, l'individu cède à l'adoration de cette puissance. En abandonnant le rationalisme d'Alain et une philosophie centrée sur l'homme, la pensée de Simone Weil va donc franchir un seuil important, grâce à la révélation que seul l'amour surnaturel est capable de répondre au malheur. Née dans une famille agnostique, Simone Weil se rapproche du christianisme, à l'occasion de trois contacts avec la foi catholique qu'elle a elle-même jugés décisifs dans son évolution : le premier eut lieu en septembre 1935, dans le petit port de Póvoa de Varzim au Portugal, où entendant chanter des cantiques « d'une tristesse déchirante », elle a « soudain la certitude que le christianisme est par excellence la religion des esclaves », et qu'elle ne peut pas ne pas y adhérer.

La deuxième expérience est celle vécue en 1937, alors qu'elle passe deux jours à Assise dont elle parle en ces termes : « Là, étant seule dans la petite chapelle romane de Sainte Marie des Anges, incomparable merveille de pureté, où saint François a prié bien souvent, quelque chose de plus fort que moi m'a obligée, pour la première fois de ma vie, à me mettre à genoux. » Enfin, en 1938, elle assiste à la semaine sainte à Solesmes, en suivant tous les offices : la pensée de la Passion du Christ entre en elle, mais elle éprouve en même temps « une joie pure et parfaite dans la beauté inouïe du chant et des paroles » : elle découvre ainsi, par analogie, « la possibilité d'aimer l'amour divin à travers le malheur » ; quelques mois plus tard, elle connaît l'expérience mystique qui va changer sa vie. Elle éprouve la présence du Christ, notamment à la lecture du poème Amour de George Herbert, affirmant : « Le Christ lui-même est descendu et m'a prise ». Elle entre en contact avec des prêtres et des religieux, afin de leur poser des questions sur la foi de l'Église catholique. Le père Joseph-Marie Perrin, religieux dominicain, l'accompagne et a un rôle important lorsqu'elle est à Marseille, entre 1940 et 1942. Elle lit la Bhagavad-Gita, s'intéresse aussi aux autres religions, hindouisme, bouddhisme et aux religions anciennes d'Égypte et de la Grèce antique. Mais elle sera toujours opposée au syncrétisme et elle s'est clairement défendue d'être panthéiste. Elle reste très discrète sur son évolution spirituelle, et ce n'est qu'après sa mort que ses amis découvrent la profondeur de sa vie spirituelle.

Juive, lucide sur ce qui se passe en Europe, elle est sans illusion sur ce qui les menace, elle et sa famille, dès le début de la guerre.

Au printemps 1940, croyant qu'on se battrait dans la capitale, elle propose aux autorités militaires la formation d'un corps mobile d'infirmières de première ligne, destiné à sauver des soldats : son « Projet d'une formation d'infirmières de première ligne » fait l'objet d'un rapport favorable du Ministère de la Guerre en mai 1940. Mais la rapidité de l'avancée allemande empêche de réaliser ce projet. Lorsque Paris est déclarée « ville ouverte », le 13 juin 1940, elle se réfugie, avec sa famille, à Marseille où elle participe à des actions de résistance. C'est à cette époque qu'elle commence la rédaction de ses Cahiers. Chrétienne selon l'Évangile, elle réfléchit aux dogmes du catholicisme, cherchant des réponses à la fois dans les livres sacrés des Égyptiens, des Hébreux, des Hindous, mais aussi chez saint Jean de la Croix et saint Thomas d'Aquin. De peur de se tromper sur des questions comme l'Incarnation ou l'Eucharistie, elle va trouver le R.P. Perrin, dominicain très instruit. En juin 1941, le père Perrin écrit à Gustave Thibon pour lui demander d'accueillir Simone Weil dans sa ferme en Ardèche : « Elle est exclue de l'université par les nouvelles lois et désirerait travailler quelque temps à la campagne comme fille de ferme ». Après un premier mouvement de refus, Gustave Thibon accepte finalement ; elle est embauchée comme ouvrière agricole et mène une vie volontairement privée de tout confort durant plusieurs semaines, jeûnant et renonçant à la moitié de ses tickets d'alimentation au profit des résistants. Durant ce séjour à la ferme et jusqu'en 1942, elle fait une lecture intégrale du Nouveau Testament, s'attachant tout particulièrement à l'Hymne aux Philippiens de saint Paul ; la découverte de la prière du Notre Père l'amène à en rédiger un commentaire spirituel et métaphysique où s'exprime aussi sa conception des relations de l'homme au temps.

De retour à Marseille à l'automne, elle reprend ses discussions avec le père Perrin, avec le projet de réunir les plus beaux textes de tout ce qui a été écrit sur Dieu et sur son amour, sa bonté et les moyens d'aller à lui. Elle traduit alors de nombreux textes en grec ancien (Platon, Anaximandre, Eschyle, Sophocle, mais aussi saint Jean) et en sanskrit, qu'elle lit et commente dans des réunions amicales organisées dans la crypte du monastère dominicain. Les études qu'elle rédige ainsi sur la Grèce, sur la philosophie grecque, en particulier sur Platon, sont rassemblées après la guerre dans deux volumes : La Source grecque et Intuitions pré-chrétiennes. Elle entre en contact avec les Cahiers du Sud, la revue littéraire la plus importante de la France libre, et y collabore sous le pseudonyme d'Émile Novis, anagramme de son nom. Le 18 octobre 1941, elle écrit une lettre de remerciements ironiques à Xavier Vallat, où elle dénonce le « statut injuste et absurde » récemment imposé aux juifs par le régime de Vichy. Elle participe à la Résistance en distribuant les Cahiers du Témoignage Chrétien, réseau de résistance organisé par les jésuites de Lyon.

Les dernières années

Le 16 mai 1942, elle s'embarque avec ses parents pour les États-Unis mais, refusant de rester à New York, ville qu'elle ressent comme trop confortable en ces temps de guerre, elle fait tout pour se rendre en Grande-Bretagne où elle arrive en fin novembre 1942 ; elle travaille comme rédactrice dans les services de la France libre, où elle est chargée de rendre un rapport sur la situation morale de la France ; elle rédige plusieurs études sur la nécessaire réorganisation de la France une fois la guerre terminée, en particulier Note sur la suppression générale des partis politiques, Idées essentielles pour une nouvelle Constitution, sa très importante Étude pour une déclaration des obligations envers l'être humain, et son œuvre fondamentale, l'Enracinement ; mais ce qu'elle souhaite par-dessus tout, c'est obtenir une mission pénible et dangereuse.

Son projet de formation d'un corps d'infirmières de première ligne est pour elle une manière de vivre le rapport à la violence de l'Histoire sans y consentir, mais ce projet est jugé irréalisable. Soucieuse de partager les conditions de vie de la France occupée, son intransigeance dérange. Elle démissionne de l'organisation du général de Gaulle en juillet 1943, trois mois après son admission à l'hôpital. Elle souhaitait rejoindre les réseaux de résistance sur le territoire français ; elle est déçue par le refus de l'entourage de de Gaulle (Maurice Schumann, Jean Cavaillès, André Philip) de la laisser rejoindre ces réseaux de la résistance intérieure. Elle y risquait en effet d'être rapidement capturée par la police française, identifiée comme juive et déportée. Sa santé est de plus en plus défaillante, elle est déclarée tuberculeuse et admise au Middlesex Hospital de Londres le 15 avril, puis transférée le 17 août 1943 à Grosvenor Sanatorium, à Ashford dans le Kent. C'est là qu'elle meurt, le 24 août 1943, à l'âge de 34 ans d'une crise cardiaque. Elle est enterrée au cimetière catholique d'Ashford. Les causes de la mort de Simone Weil ont soulevé des débats. Le médecin légiste a constaté que le corps de Simone Weil avait été privé de nourriture, ce qui aurait accéléré sa mort. De ce constat du légiste qui l'a examinée s'est ensuivie une série de spéculations concernant les causes psychologiques ayant pu entraîner un jeûne. Une hypothèse communément répandue à ce sujet est que Simone Weil souhaitait faire preuve de solidarité envers ses concitoyens en refusant de se nourrir plus que les tickets de rationnement ne le permettaient alors. Mais cette charité compassionante n'a pas entraîné chez elle le désir de mourir : Simone Weil a résolument condamné le suicide par désespoir, sans jamais varier sur ce point, comme on le voit dans ses écrits : « Ne jamais désirer sa propre mort. Le suicide n'est permis que quand il est seulement apparent, quand il y a contrainte et qu'on a pleinement conscience de cette contrainte ».

Selon sa principale biographe, Simone Pétrement, des lettres du personnel du sanatorium dans lequel elle se trouvait lors de sa mort prouvent au contraire qu'elle a essayé à diverses reprises de manger durant son hospitalisation ; selon elle, le jeûne aurait en fait simplement été une conséquence de la détérioration de son état de santé.

L'œuvre écrite de Simone Weil a été publiée après sa mort, à l'exception de plusieurs articles, études et rapports publiés dans des revues entre 1933 et 1942.

Études sur Simone Weil

Geneviève Azam et Françoise Valon, Simone Weil ou l'expérience de la nécessité, collection Les Précurseurs de la décroissance, le Passager clandestin, 2016.

Florence de Lussy, Simone Weil, Collection Que sais-je ?, PUF, Paris, 2016.

Christine Hof (préf. Emmanuel Gabellieri), Philosophie et kénose chez Simone Weil : De l'amour du monde à l'Imitatio Christi, L'Harmattan, coll. « Ouverture philosophique », 2016, 272 p.

Pascal David, Simone Weil : Désarroi de notre temps et autres fragments sur la guerre, Éditions Peuple Libre, coll. « Les Altercathos », 2016 .

Danielle Netter, Simone Weil : naissance d'une vocation, Paris, Riveneuve éditions, 2015.

François L'Yvonnet, Simone Weil, l'Altissime, Paris, Lemieux éditeur, 2015.

Jacques Julliard, Le Choc Simone Weil, Flammarion, « Café Voltaire », 2014.

Valérie Gérard (dir.), Simone Weil, lectures politiques, Paris, Éditions rue d'Ulm, 2011.

Alice Nicolle (dir.), Les sept pas vers la grâce, 2 volumes, version bilingue français-anglais, Éditions Docteur angélique, 2014.

Alice Nicolle (dir.), La trollesse, Éditions Docteur angélique, 2009.

Nadia Taibi, La philosophie au travail. L'expérience ouvrière de Simone Weil, L'Harmattan, 2009.

Sylvie Weil, Chez les Weil, Buchet/Chastel, Paris, 2009.

Christiane Rancé, Simone Weil. Le Courage de l'Impossible, Paris, Le Seuil, 2009.

Martin Steffens, Prier 15 jours avec Simone Weil, Nouvelle cité, 2009.

Stéphane Barsacq, Simone Weil, Le ravissement de la raison, Le Seuil, 2009.

Louisette Badie, Hélène Serre, Simone Weil, philosophe de l'absolu, Éditions Nouvelle Acropole, 2009.

Florence de Lussy (dir.), Simone Weil : sagesse et grâce violente, Montrouge, Bayard, 2009, et Simone Weil dans la collection Que Sais-je ?

Dominique Carliez, Pensez la politique avec Simone Weil, Éditions de l'Atelier, 2009.

Robert Chenavier, Simone Weil. Une philosophie du travail, coll. « La nuit surveillée », Paris, Éditions du Cerf, 2001.

François L'Yvonnet, Simone Weil, Porfolio, ADPF, Ministère des Affaires étrangères, Paris, 2000.

Philippe de Saint Robert, La Vision tragique de Simone Weil, Paris, Éditions François-Xavier de Guibert, 1999.

Charles Jacquier (sous la direction de), Simone Weil, l'expérience de la vie et le travail de la pensée, Arles, Éditions Sulliver, 1998,

Miklos Vetö, La Métaphysique religieuse de Simone Weil, Paris, L'Harmattan, 1971 (réimpr. 1997, 2016), 3e éd., 204 p.

Jean-Marie Muller, Simone Weil : l'exigence de non-violence, Desclée de Brouwer, 1995.

Simone Pétrement, La Vie de Simone Weil, Paris, Fayard, 1973

Bertrand Saint-Sernin, L'action politique selon Simone Weil, Paris, Le Cerf, 1988.

Marie-Madeleine Davy, Simone Weil, Paris, Éditions universitaires, 1956.

Marie-Madeleine Davy, Introduction au message de Simone Weil, Paris, Éditions universitaires, 1954.

Fernando Rey Puente, Simone Weil et la Grèce, L'Harmattan, 2007, 248 p.

Catherine Chalier, « Simone Weil », in Le Désir de conversion, Paris, Seuil, 2011.